AF325195

LES AMOURS DEGUISEZ,

BALET,

Remis au Théâtre le 12 Septembre 1726.

Le prix est de quarante sols.

A PARIS,

Chez la Veuve PIERRE RIBOU, seul Imprimeur du Roi
pour la Musique, Quai des Augustins, à la descente
du Pont neuf, à l'Image Saint Loüis.

M. DCC. XXVI.

Avec Approbation & Privilége du Roi.

****

ACTEURS

Chantans dans les Chœurs du Prologue & du Balet.

COSTE' DU ROI.	COSTE' DE LA REINE.
Mesdemoiselles,	*Mesdemoiselles,*
De Kerkoffet.	Millon.
Dun.	La Roche.
Antier C.	Thetelette.
Souris C.	Charlard.
Jullie.	Perignon
Dutilliée.	Gentilhomme.
Messieurs,	*Messieurs,*
Flamand.	Morand.
Bremond.	Le Myre L.
Saint Martin.	Valantier.
Louette.	Bertin.
Buzeau.	Dautrep.
Deshais.	Corais.
Duplessis.	Duchêne.
	Houbault.

Acteurs chantans du Prologue.

VENUS.	*Mademoiselle Pellicier.*
MINERVE.	*Mademoiselle Migmer.*
BACCHUS.	*Monsieur le Myre.*
UN PLAISIR.	*Monsieur Cuvilliers.*
UN SATYRE.	*Monsieur Dun.*
UNE AMANTE.	*Mademoiselle Julie.*

DIVERTISSEMENT DU PROLOGUE.

Amants & Amantes.

Messieurs Dumoulin 2. Dumoulin 3.
Mesdemoiselles Petit, Thybert.

Plaisirs en Matelots.

Monsieur Laval.
Messieurs Dangeville, Malter L., Savar.

Graces en Matelottes.
Mademoiselle ~~Souris~~.
Mesdemoiselles Carbon, Delisle C., Goblain.
Faunes & Driades.
Messieurs Pierrez, Tabary, Lallé.
Mesdemoiselles Duval, le Maire, Verdun.

****

PERSONNAGES DU BALET.

PREMIERE ENTRE'E.

DIOMEDE Roi d'Etolie.	*Monsieur Chassé*
PHAETUSE Fille du Soleil.	*Mademoiselle Antier.*
DIRCE' Nimphe.	*Mademoiselle Souris.*
UNE HABITANTE de l'Isle Phaetuse.	*Mademoiselle Jullie.*
LE GRAND SACRIFICATEUR du Soleil.	*Monsieur Cuvilliers.*

SECONDE ENTRE'E.

OENONE Nimphe.	*Mademoiselle Pellicier.*
ISMENE Nimphe.	*Mademoiselle Mignier.*
PARIS Berger, Fils de Priam.	*Monsieur Murayr.*
UNE BERGERE.	*Mademoiselle ~~Germain~~*
	Erman

TROISIE'ME ENTRE'E.

OVIDE, Chevalier Romain.	*Monsieur Chassé.*
JULIE, Fille d'Auguste.	*Mademoiselle Antier.*
ALBINE, Dame Romaine.	*Mademoiselle Souris.*
UN CEYTHE.	*Monsieur le Myre.*
UNE BOHEMIENNE.	*Mademoiselle Mignier.*

DIVERTISSEMENT DU BALLET.

PREMIERE ENTRE'E.

Grecs.
Monsieur Malter C.
Messieurs Lalié, Pierrez, Savar, Picard.

Nymphes.
Mesdemoiselles Delisle L., Duval, Petit, Thybert.

SECONDE ENTRÉE.

Bergers & Bergeres.
Mademoiselle Mener.
Monsieur Laval, Mademoiselle Petit.
Messieurs Dumoulin 3. Dangeville, Savar, Dumoulin L.,
Malter L., Picard.
Mesdemoiselles Duval, Thybert, le Mayr, Verdun, Carbon, Sophie.

Un Pastre.
Monsieur Dumoulin. 2.

TROISIE'ME ENTRÉE.

Habitans de l'Isle de Chypre.
Messieurs Dumoulin 3. Dangeville, Malter L.
Mesdemoiselles Duval, Carbon, Thybert.

Indiens, Indiennes.
Mesdemoiselle Delisle L.
Monsieur Lallé, Mademoiselle Petit.

Scythes.
Monsieur Dumoulin 4.
Messieurs Laval, Malter, C.
Messieurs Dumoulin L., Savar, Pierrez, Thabary, Picard, Javelliers.
Mesdemoiselles Goblain, Sophie, Delisle C., le Mair, Verdun.

PROLOGUE.

*Le Théâtre represente un Port de Mer, où la Flotte des
Amours est prête à faire voile pour l'Isle de Cythere.
Venus est accompagnée des Jeux & des Plaisirs déguisez
en Matelots.*

VENUS.

MANS rassemblez-vous dans ce charmant
   séjour,
  Embarquez-vous, suivez le tendre amour
Il va récompenser vôtre persévérance,
  Il veut acquitter en ce jour
  Les promesses de l'espérance.

PROLOGUE.

Amans raſſemblez-vous dans ce charmant ſéjour,
Embarquez-vous, ſuivez le tendre amour.

Les Amans de diverſes Nations accourent à la voix de Venus,
enchâinez avec des Guirlandes de fleurs.

CHOEUR *des Amours.*

Allez, allez deſcendre aux rives de Cythere,
Le tems rit à vos vœux, craignez de le manquer.

CHOEUR *des Amans.*

Allons, allons deſcendre aux rives de Cythere,
Le tems rit à nos vœux, craignons de le manquer.

CHOEUR *des Amours.*

Mais prenez ſoin d'embarquer
L'objet qui vous a ſçu plaire.

CHOEUR *des Amans.*

Mais prenons ſoin d'embarquer
L'objet qui nous a ſçu plaire.

Divertiſſement des Amans mêlez aux plaiſirs déguiſez en
Matelots.

UNE AMANTE.

Ne craignons point de quitter le rivage,
Le tendre Amour écoute nos ſoûpirs;
Ce Dieu charmant dans le plus rude orage
Nous fait encor éprouver des plaiſirs.

PROLOGUE.

Et nous aimons les peines du voiage
Quand le Port même échappe à nos desirs.

Bacchus suivi des Satyres & Bacchantes vient offrir son
secours aux Amans.

BACCHUS.

Sensibles cœurs qui craignez le naufrage
Ne vous reposez pas sur les soins de Venus ;
Voulez-vous être heureux quand l'Amour vous en-
    gage,
Embarquez avec vous les presens de Bacchus.

Amans versez du Vin dans vos plus belles Fêtes,
Son secours quand on aime est toûjours de saison,
    Tandis qu'Amour avance ses conquêtes
      Bacchus amuse la raison.

UN SATYRE.

    Que d'exploits
    L'Amour doit à la treille !
    Il a sçu cent fois
    Choisir le verre & la bouteille
    Pour son carquois.
Sans Bacchus l'Amour a des allarmes,
Sans l'Amour Bacchus a moins de charmes,
    Il faut les servir tous deux
    Pour être heureux.

PROLOGUE.

Quand ces Dieux ont réüni leurs armes,
Non, rien n'est si doux
Que d'éprouver leurs coups.

VENUS.

Partez, heureux Sujets de l'Empire amoureux,
Venez être témoins de nos aimables Fêtes,
Qu'à vos yeux en ce jour un spectacle pompeux
Des Amours déguisez retrace les conquêtes.

CHOEUR.

Volez, Zéphirs, conduisez-nous
Et calmez l'Empire de l'Onde.
Allons, allons goûter les plaisirs les plus doux
Dans les plus beaux climats du monde.

Ils suivent tous Venus & les plaisirs, & vont s'embarquer avec eux.

FIN DU PROLOGUE.

LES

LES AMOURS DEGUISEZ,
BALET.

***

PREMIERE ENTRÉE.
LA HAINE.

Le Théâtre represente un Temple antique au Soleil ; au fonds d'un desert ; on voit la Mer dans l'éloignement.

SCENE PREMIERE.
DIOMEDE seul.

U E la feinte & le silence
Augmentent la violence
Des tourmens d'un tendre cœur !

A

Contraint de cacher mon ardeur
J'affecte d'éviter le cher objet que j'aime,
L'amour qui cause ma langueur
En est le confident lui-même.
Je ne me plains qu'à lui de sa rigueur.
Que la feinte & le silence
Augmentent la violence
Des tourmens d'un tendre cœur !

Mais c'est trop écouter une vaine tendresse,
Les Grecs impatiens veulent revoir la Grece,
Je n'entends que des vœux qui condamnent les miens,
Dioméde est-ce à toi d'aimer une Déesse,
Fille d'un Dieu protecteur des Troyens ?
Elle vient, évitons son couroux légitime,
Ciel ! pourrai-je à ses coups ravir une victime
Q t'enchaînent de si beaux liens ?

SCENE II.

PHAETUSE, DIRCE', *suite de Phaetuse.*

PHAETUSE, *à sa Suite.*

C'En est fait, il est tems d'immoler à mon Pere
    Les Grecs objets de son courroux ;
Ministres de ma haine empressez à me plaire,
Rassemblez ces Guerriers, livrez-les à mes coups.

       La suite de Phaetuse sort pour
        executer ses ordres.

DIRCE'.

Quel funeste dessein ! Dieux ! quel Arrêt sévére !

PHAETUSE.

Non, non, le Dieu du jour n'est pas assez vangé,
Il est tems que la rage à la douceur succede,
Immolons les Vainqueurs d'Ilion ravagé,
Commençons par leur mort celle de Diomede.

DIRCE'.

Souvenez-vous des maux qui l'ont persecuté.

PHAETUSE.

Souviens-toi seulement de sa témérité,
    Elle est l'excuse de ma rage ;

             A ij

Souviens-toi qu'il surprit cette fatale image
Qui des murs d'Illion faisoit la sûreté.
Que pour expier leur victoire
Les Grecs périssent dans ces lieux,
Et faisons-leur pleurer la criminelle gloire
De renverser des murs élevez par les Dieux.

DIRCÉ.

Depuis qu'un terrible naufrage
Vous a livrez ces malheureux Vainqueurs,
Par vos soins chaque jour de nouvelles douceurs
Les enchantent sur ce rivage.

PHAETUSE.

Ah ! pour mieux me vanger j'amuse leurs desirs,
Ils doivent ce repos à ma haine inflexible,
Est-il une mort plus terrible
Que celle qui suit les plaisirs ?
Mais le fier Diomede a trompé ma vangeance,
Rien ne l'occupe sur ces bords,
J'ai fait pour le charmer d'inutiles efforts,
Je le voi chaque jour éviter ma presence…
Je sçai même , je sçai, qu'il veut quitter ces lieux…
Croit-il donc m'échaper ce Grec audacieux ?
Je ne puis t'exprimer la haine qu'il m'inspire.
Non , tout mon cœur n'y peut suffire;
S'il avoit pû m'aimer, ô Dieux !
Ma vangeance eût été parfaite,

Que j'aurois triomphé, Dircé, de sa défaite!
Un mépris éclatant de sa plus vive ardeur
   Eût été sa premiere peine.

DIRCE'.

Je reconnois enfin son crime, & votre haine.

PHAETUSE.

Je ne puis trop punir sa superbe froideur.

DIRCE'.

   Que l'indifference
   Outrage la beauté!
Elle ne peut en pardonner l'offense;
Un téméraire amour blesse moins sa fierté
   Que l'indifference.

PHAETUSE.

Connois mieux ma juste fureur.

DIRCE'.

Sous les traits empruntez de l'affreuse vangeance
   Le dépit seul déchire votre cœur.

Le dépit & la haine ont le même langage,
   Mais le dépit est enfant de l'Amour.
Une fiere beauté qu'un insensible outrage,
   S'y méprend souvent plus d'un jour:
Le dépit & la haine ont le même langage,
   Mais le dépit est enfant de l'Amour.

PHAETUSE.

Tu crois qu'au foible amour j'ai cedé la victoire...
Mais je vois les Grecs enchaînez ;
Commençons les tourmens qui leur font deftinez,
Dircé je vais bien-tôt juftifier ma gloire.

SCENE III.

PHAETUSE, DIRCE', *Sacrificateurs du Soleil,
fuite de Phaetufe*, *Grecs enchaînez.*

PHAETUSE.

Miniftres du Soleil attentifs à ma voix ?
    Ecoutez & fuivez mes loix.
Vangez le Dieu du Jour, vangez le Dieu de l'Onde,
Les Grecs font dés long-tems l'objet de leur couroux,
    Que votre zéle au mien réponde,
Prêtez aux immortels votre bras & vos coups.

    Que la terre tremble & fremiffe,
Que l'Onde en mugiffant s'éleve jufqu'aux Cieux.
    Que l'Univers applaudiffe
    A la vangeance des Dieux.

CHOEUR.

Eclatez bruyant Tonnerre,
Secondez nos cris affreux,

Lancez , lancez sur la terre
Vos plus redoutables feux.

SCENE IV.

PHAETUSE , DIRCE', *Sacrificateurs du Soleil ,*
suite de Phaetuse , les Grecs enchâinez , DIOMEDE.

Les Sacrificateurs se disposent à immoler les Grecs.

DIOMEDE.

Barbares arrêtez , portez-moi tous les coups
  De la rage qui vous anime ;
  Je suis la seule victime
  Digne de vôtre couroux.
Hâtez-vous , c'est mon sang que vous devez répandre,
Ne vangez que sur moi le plus brillant des Dieux,
  Je l'offense plus dans ces lieux
  Que sur les rives du Scamandre.

PHAETUSE.

Eh ! quel crime nouveau venez-vous déclarer ?

DIOMEDE.

  Pouvez-vous encor l'ignorer ?
Je ne viens l'avoüer que pour hâter ma peine,
Ce crime que mon cœur augmente chaque jour..

Si vous me devez vôtre haine
Songez que tous les cœurs vous doivent de l'amour.

PHAETUSE.

Ciel ! quel aveu m'osez-vous faire ?
Et qu'osez-vous en espérer ?

DIOMEDE.

Vous n'auriez jamais sçû mon ardeur téméraire
Si je n'étois prêt d'expirer,
Ah ! qu'à ce prix la mort m'est chere.

PHAETUSE.

Oubliez-vous mon rang, ma haine, ma fierté ?
Vôtre amour contre vous me prête encor des armes.

DIOMEDE.

Se souvient on du rang lorsqu'on voit la beauté ;
Non, un cœur près de vous ne pense qu'à vos charmes.
Terminez mon crime & mon fort,
Mon feu vous offense & m'accable.
Quoi me trouvez-vous trop coupable
Pour me donner la mort ?

LE SACRIFICATEUR à *Phaetuse.*

Ah ! c'est trop differer le sanglant Sacrifice
Que les Dieux attendent de vous ;
Immolons Diomede à leur juste courroux,
Son crime a trop long-tems évité le supplice...

Vous

Vous tremblez ! est-ce ainsi que vous sçavez haïr ?
Un moment a changé votre cœur implacable ;
Allons, n'écoutons pas une pitié coupable ;
    Vous imiter, ce seroit vous trahir,
Frappons....

PHAETUSE.

Arrête.

LE SACRIFICATEUR.

O Ciel ! que faites-vous ?

PHAETUSE.

                        Barbare,
Arrête ; la pitié succéde à mon couroux :
Ministres de ma haine, allez, retirez-vous.

    Les Sacrificateurs, & la suite de Phaetuse sortent.
Qu'ai-je fait ? quel transport de mon ame s'empare ?
Ma fierté m'abandonne, & ma raison s'égare...
    Mon captif devient mon vainqueur.
Je voudrois vainement cacher mon trouble extrême,
Que ne vous disent pas mes soûpirs... ma langueur ?...
Quelques coups qu'ait voulu vous porter ma fureur,
    Vous êtes vangé... je vous aime.

DIOMEDE.

Belle Déesse, ô Ciel ! ô destin trop heureux !
    Quoi, vous m'aimez ! quoi, l'Amour me dispense

Un bien que jamais l'espérance
N'eût osé promettre à mes vœux !

PHAETUSE.

L'Amour nous trompoit l'un & l'autre,
A quoi m'exposoit-il par son déguisement,
Je n'ai connu mon cœur qu'au funeste moment
Où je voulois percer le vôtre.

DIOMEDE.

Ah, quel heureux danger ! que mon sort est charmant !
Comment vous exprimer le doux ravissement
De mon ame contente ?
Je ne puis que sentir le bonheur qui m'enchante.

DIOMEDE & PHAETUSE.

Viens assurer par tes plus doux attraits,
Et nôtre bonheur & ta gloire :
Amour, fais durer à jamais
Et nos plaisirs & ta victoire.

PHAETUSE.

Changez, changez triste séjour
Comme les transports de mon ame ;
Devenez digne de l'amour ,
Et du cher objet qui m'enflâme.

SCENE V.

Le Théâtre change, & represente un Palais magnifique.

PHAETUSE , DIOMEDE , DIRCE' , GRECS, *suite de Phaetuse, Nymphes & Habitans de son Isle.*

PHAETUSE.

VEnez , Nymphes , venez ; abandonnez vos bois,
Par vos chants , par vos jeux, marquez-moi vo-
   tre zele ;
   Accourez, unissez vos voix ,
Célébrez de l'Amour la victoire nouvelle.

UN HABITANT *de l'Isle de Phaetuse.*

   Amours , lancez vos feux,
   Profitez de ce jour heureux,
Volez , augmentez vos conquêtes,
   Embelissez nos fêtes ,
Regnez , brillez , Plaisirs & Jeux.
   Amours , lancez vos feux,
   Profitez de ce jour heureux,
Volez , augmentez vos conquêtes.

B ij

SECONDE ENTRÉE.
L'AMITIÉ.

Le Théâtre represente un Vallon au pied du Mont-Ida, où
les Bergers d'alentour doivent s'assembler pour célébrer le
retour du Printems. La nuit cache encore les beautez de ce
lieu champêtre.

****

SCENE PREMIERE.
PARIS *seul.*

Aisible Nuit, suspendez votre cours,
Laissez régner encor le silence & les ombres.
Hélas ! les malheureux Amours
Préférent vos nuages sombres
A la clarté des plus beaux jours.

Paisible Nuit , suspendez votre cours ,
Laissez regner encor le silence & les ombres.

Le jour naissant interrompt les plaintes de Pâris , & éclaire
le bocage , témoins de ses soûpirs.

Mais quel éclat frappe mes yeux !
Quoi déja dans les Cieux
On voit briller l'Aurore ?
Les fleurs s'empressent d'éclore ,
Et d'embellir ce séjour,
Où nous allons bien-tôt célébrer le retour
De la saison de Flore.

On entend un concert de petites flûtes qni imitent le chant des
oiseaux éveillez par l'Aurore.

Mille oiseaux rassemblez qui volent dans les airs,
Par leurs aimables chants préviennent nos concerts.

O vous , pour qui l'Amour n'a que de douces chaînes,
Tendres oiseaux , vous me rendez jaloux;
Vous chantez vos plaisirs , que votre sort est doux !
Je n'ose , helas ! me plaindre de mes peines.

SCENE II.

PARIS, ISMENE.

ISMENE.

QUoi, lorſque du Printems qui nous rend les plaiſirs,
Nous allons célébrer le retour & les charmes;
Vous vous livrez toûjours à d'injuſtes allarmes ;
Troublerez vous nos jeux par vos triſtes ſoûpirs ?

PARIS.

C'eſt ſeulement dans ce ſéjour champêtre
Que je leur permets d'éclater ;
Hélas ! l'objet qui les fait naître,
Ne daigne pas les écouter.

ISMENE.

L'hommage de Pâris devroit flâter ſa gloire....

PARIS.

Non, la Nymphe en ſecret rougit de ſa victoire!
Que ſa fierté doit m'outrager!

J'ignore, il eſt vrai, ma naiſſance,
Mais, c'eſt à mon cœur d'en juger;

DEGUISEZ.

Je sens que je ne suis Berger
Que par ma sincere constance.

Eh ! que me sert, helas ! tant de persévérance !
Pour les maux d'un Amant, Enone est sans pitié,
Elle n'offre à mes feux que la froide amitié,
C'est un nom qu'elle donne à son indifference.

ISMENE.

C'est un nom qu'emprunte l'Amour,
Pour le bonheur d'Enone il la trompe en ce jour.

Un Amour déguisé n'en est que plus aimable.
Lorsqu'il ne veut pas se nommer,
Il ne paroît pas redoutable,
Nous l'aidons à nous désarmer ;
Un Amour déguisé n'en est que plus aimable.

PARIS.

Connoissez mieux Enone & son superbe cœur ;
Elle m'ordonne, hélas ! d'éteindre mon ardeur.
Ah ! que j'obéis mal à cette loi severe !
Je sens bien que mon cœur la veut toûjours trahir,
Dûssai-je de la Nymphe attirer la colere…

ISMENE.

Si vous craignez de lui déplaire,
Gardez-vous bien de lui mieux obéïr.

Mais voulez-vous pénétrer dans son ame,
Feignez de ressentir une nouvelle flâme.

PARIS.

Moi paroître inconstant ! quel remede fatal !
Mon cœur pourra-t-il se contraindre ?
Dieu ! qu'il m'en coûtera pour feindre,
Et que je feindrai mal !

ISMENE.

Cherchez à vous guérir , ou cessez de vous plaindre.

Amans, lorsque l'objet qui vous a sçu toucher,
Vous déguise l'ardeur dont son ame est saisie,
Feignez qu'un nouveau nœud vient de vous attacher ;
     L'impétueuse jalousie
Sçait démasquer l'Amour qui cherche à se cacher.

PARIS.

Eh ! bien , à vos conseils mon ame s'abandonne.

ISMENE.

Je voi paroître Enone ;
Pour calmer vôtre cœur, rendez le sien jaloux ;
Heureux si vôtre feinte attire son couroux.

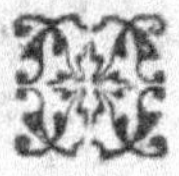

SCENE III.

SCENE III.

PARIS, ENONE.

PARIS.

VOus ne voulez de moi qu'une amitié parfaite,
Enone, ç'en est fait, vous serez satisfaite.

Vous ne vous plaindrez plus des transports de mon cœur
   Je viens de briser vôtre chaîne,
   L'Amour m'offre un nouveau vainqueur
Florise vous défait d'un Amant qui vous gêne.

Quoi ! pour obéir je brise un nœud charmant,
   Et vous évitez ma presence !
D'un si grand sacrifice est-ce la récompense ?

ENONE.

   Non, je ne puis le payer dignement...
Volage ! vous avez trahi mon espérance,
C'étoit à la raison non pas à l'inconstance
   A triompher de vôtre amour.
Ah ! que j'ai mal connu Páris jusqu'à ce jour !

C

PARIS.

Je serois plus constant si vous étiez plus tendre ;
Mais un Cœur prés de vous n'ose pas soupirer,
Un Amant n'a rien à prétendre,
Je languirois sans espérer ,
Je serois plus constant si vous étiez plus tendre.

ENONE.

Ingrat ! peut - être un jour.... mais que lui vais-je
apprendre ?

PARIS.

Quelle vive douleur peut ainsi vous troubler ?

ENONE.

Si tu ne l'entends pas , elle doit redoubler.

Eh bien ! voi tout l'excés de l'ardeur qui m'anime ,
Je ne puis le dissimuler
Sans te cacher tout l'excés de ton crime :
Perfide tu démens tes soupirs & ta foi
Quand tu connois que je t'adore...
Que dis-je ? non jamais tu n'as brûlé pour moi ;
Si tu sçavois aimer tu m'aimerois encore :
Je n'ai pas crû jusqu'à ce jour
Sentir une flâme si tendre ;

Mais quand mon cœur trompé méconnoiſſoit l'A-
        mour ,
    Ingrat ! devois-tu t'y méprendre !

PARIS.

Belle Enone , eſt-il vrai ? vous partagez mes feux ?
Ma feinte a donc ſervi les plus doux de mes vœux.
    Que vôtre courroux eſt aimable !
    Il m'apprend que je ſuis heureux ,
Les ſinceres tranſports de mon cœur amoureux
    Vous diſent qu'il n'eſt pas coupable.

ENONE.

Quoi ! vous m'aimez toûjours ?

PARIS.

        Puis - je changer jamais ?
    Non , fiez - vous à vos attraits.

Près de vous les beautez même les plus nouvelles
    Perdent le plaiſir de charmer ,
Et les cœurs que l'Amour engage à vous aimer
    Perdent le droit d'être infidelles.

ENONE.

Je méprisois l'Amour & l'Amour irrité
    Pour me punir de ma fierté,
    Dans ses aimables nœuds m'engage.
    Ah ! que mon supplice a d'appas !
    Si l'amour ne se vangeoit pas
    Il me puniroit davantage.

PARIS *&* ENONE.

    Regne à jamais sur nos cœurs,
    Amour, fait briller tes charmes,
    Plaignons, plaignons les Vainqueurs
    Qui triomphent de tes armes.

*On entend des Hautbois qui annoncent la Fête du retour du
Printems.*

ENONE.

La Fête amene ici les Bergers d'alentour.
Du Printems avec eux célébrons le retour.

SCENE IV.

PARIS, ENONE, ISMENE,

Bergers, Bergeres & Paſtres.

ISMENE.

Ramenez les feüillages,
Les fleurs & les zéphirs,
Printems ſous tes ombrages
Viens cacher nos plaiſirs.

CHOEUR.

Ramene les feüillages,
Les fleurs & les zéphirs,
Printems ſous tes ombrages
Viens cacher nos plaiſirs.

ISMENE.

A l'Univers tranquile
Que parent tes attraits,
De l'Automne fertile
Annonce les bienfaits.

CHOEUR.

Ramene les feüillages,
Les fleurs & les zephirs,
Printems sous tes ombrages
Viens cacher nos plaisirs.

ISMENE.

Tout semble fait pour plaire,
Printems quand tu parais,
Et le Dieu de Cythere
Est plus sûr de ses traits.

CHOEUR.

Ramene les feüillages,
Les fleurs & les zephirs,
Printems sous tes ombrages
Viens cacher nos plaisirs.

I. BERGERE.

Les Bergers sont faits pour la tendresse,
L'Amour se plaît à regner sur nous.
Nos cœurs qu'il blesse
Joüissent sans cesse
Des biens les plus doux,
Aimons tous.

Dans nos bois
Ce Dieu punit l'inconstance,
Et ses loix
Y sont faites par l'innocence
Qui fait nos choix;
Heureux qui l'écoute!
Charmé des plaisirs qu'il goute,
Un Berger constant aime sans détour,
Jamais il ne coute
Qu'un seul trait à l'Amour.

II. BERGERE.

Bergers qu'assemble un si beau jour,
Chantez, aimez dans ces retraites,
Vos cœurs & vos musettes
Ne sont dûs qu'à l'Amour;
Echos de ces Bocages
Répétez leurs chansons;
Rossignols à leurs tendres sons
Mêlez vos doux ramages.

ISMENE.

Tendre amour dans nos bois heureux,
Tu ne trouve pas de rebelles,
Les Bergers qu'enchaînent tes nœuds
Sont tes Sujets les plus fideles.

Loin de jamais nous allarmer
Du bruit de la raison sévére,
Nous ne demandons pour aimer
Que l'aveu du Dieu de Cythere.

Tendre amour dans nos bois heureux,
Tu ne trouve pas de rebelles,
Les Bergers qu'enchaînent tes nœuds
Sont tes Sujets les plus fidéles.

On termine le Divertissement par des Danses.

PREMIER DIVERTISSEMENT.

L'ESTIME.

Le Théatre represente les Jardins du Palais de Julie.

SCENE PREMIERE.

JULIE, ALBINE.

ALBINE.

CE jour vous asservit à mille soins divers,
Cachez votre tristesse extrême.
Tandis qu'Auguste en paix gouverne l'Univers,
Sa Fille ne sçauroit regner sur elle-même !
Rome par d'aimables Concerts
Renouvelle les Jeux & la Réjoüissance
Que fit éclore ici votre heureuse naissance.
Préparez-vous aux Jeux qui vous seront offerts,
Feignez du moins…

A ij

JULIE.

Non, non je ne sçaurois plus feindre,
Albine, c'est trop me contraindre ;
Je veux connoître Ovide & pénétrer son cœur,
Je veux connoître enfin son heureuse Corine ;
C'est en vain qu'il s'obstine
A nous cacher toujours l'objet de son ardeur.

ALBINE.

Craignez de découvrir votre secrette flâme,
Ah ! deviez-vous la ressentir jamais ?

JULIE.

Dieux ! quels reproches tu me fais !
Quand le Fils de Venus triompha de mon ame,
Ne sçais-tu pas qu'il me cachoit ses traits ?
L'Amour charmé de me surprendre
Sous le nom de l'Estime a séduit ma fierté,
En le reconnoissant j'ai voulu m'en défendre,
Mon cœur étoit déja dompté.

ALBINE.

Quelque soin que l'Amour prenne :
Quand il veut se déguiser,
On le reconnoît sans peine.
Ce Dieu ne peut amuser
Qu'un cœur épris de sa chaîne,
Et qui cherche à s'abuser.

Quelque ſoin que l'Amour prenne :
Quand il veut ſe déguiſer
On le reconnoît ſans peine.
J U L I E.
Vole , deſcens des Cieux , Amour vainqueur
charmant.
Par une nouvelle victoire ,
Triomphe de l'objet qui cauſe mon tourment ,
Vange mon cœur , vange ta gloire.
Tu dois recompenſer les plus tendres ſoupirs ,
Et cependant , helas ! dans un autre eſclavage
Tu ſouffres l'Amant qui m'engage !
Amour , fais changer ſes déſirs ,
Pour ceſſer d'être ingrat qu'il devienne volage.

Vole , deſcend des Cieux , Amour vainqueur char-
mant ,
Pour une nouvelle victoire ,
Triomphe de l'Objet qui cauſe mon tourment ;
Vange mon cœur , vange ta gloire.
A L B I N E.
Souvenez-vous d'Auguſte & que ſon trône un jour..
J U L I E.
C'eſt un Romain pour qui mon cœur ſoupire.
La liberté ſemblable au tendre amour
Egaloit autrefois dans cette heureux ſéjour
Tous les mortels ſoumis à ſon Empire.
A iij

Eh ! comment ne pas m'enflâmer ?
Ovide est favori de la Cour de Cythere,
Nous tenons de lui l'art d'aimer,
Il sçait encor mieux l'art de plaire.
Eh ! comment ne pas m'enflâmer ?

ALBINE.

Il approche, craignez de trahir votre flâme.

JULIE *s'écartant.*

Tâchons de découvrir le secret de son ame,
Et quels attraits l'ont sçu charmer ?

SCENE II.

OVIDE *seul.*

Deguisez-bien, mon cœur, le feu qui vous dé-
vore,
Craignez que les Echos n'aprennent vos soupirs,
Et vous, volez jeunes Zephirs,
Annoncez dans ces lieux la beauté que j'adore.
Hélas ! quand je la voi que mon sort est heureux !
Sa presence est le prix de mes tendres allarmes :
Admirer en secret ses charmes
Est l'unique faveur que prétendent mes vœux.
Deguisez-bien, mon cœur, le feu qui vous dévore
Craignez que les Echos n'aprennent vos soupirs,
Et vous, volez jeunes Zephirs,
Annoncez dans ces lieux la beauté que j'adore.

SCENE III.

OVIDE, JULIE.

JULIE.

Venez-vous chercher dans ma Cour
L'objet inconnu qui vous bleſſe ?

OVIDE.

C'eſt à notre auguſte Princeſſe
Que je dois ſeulement conſacrer ce beau jour.
Je ſuis chargé des Jeux que Rome vous apprête.

JULIE.

Tandis qu'on diſpoſe la fête
Voudrez-vous contenter un deſir curieux ?
Votre ardeur trop long-tems au ſilence s'obſtine,
Apprenez-moi quelle eſt cette aimable Corine
Que vous cachez à tous les yeux.

OVIDE.

Ah ! Princeſſe, épargnez un Amant déplorable,
Que lui demandez-vous ? ô Dieux !
Il eſt aſſez coupable.
Fidele au tendre Amour j'ai publié ſes loix,
J'ai ſecondé ſes doux exploits ;
Par mes ſoins plus d'un cœur rebelle
A Paphos offre ſon encens ;

Helas ! une peine éternelle ,
Des soupirs étouffez , des regrets impuissans
 Sont l'unique prix de mon zele.

JULIE.

Vous me cachez le sort de vos tendres desirs ,
Quelle beauté pourroit mépriser les soupirs
 D'Ovide amoureux & fidele ?

OVIDE.

 La beauté que j'ose adorer
 Ne sçait pas encor mes allarmes ,
 Et doit toujours les ignorer.

JULIE.

 Pourquoi dérober à ses charmes
 Le seul tribut qui peut les honorer !
De la beauté qu'on aime est-ce offenser la gloire
 Que de parler de son ardeur ?
Non , chaque fois qu'on nomme son Vainqueur
 On renouvelle sa victoire.

OVIDE.

 Dieux ! quels combats vous me livrez !

JULIE.

 Les beaux yeux que vous adorez
 Sont trahis par votre silence.
 Que servent à leur puissance
 Des triomphes ignorez ?

OVIDE.

OVIDE.

Ils font à chaque inſtant cent conquêtes plus belles.
De cet objet divin tout reſſent le pouvoir ;
On éprouve en l'aimant que tous les cœurs fidelles
　　Ne doivent pas leur conſtance à l'eſpoir.
La grandeur de ſon rang reçoit plus d'un hommage,
Qu'on n'oſe qu'en ſecret offrir à ſes appas ;
Mille Amours déguiſez qui volent ſur ſes pas,
Du timide reſpect empruntent le langage.

JULIE.

Ah ! ne me cachez plus le nœud qui vous engage,
Nommez-moi la beauté qui vous a ſçu charmer.

OVIDE.

Vous peindre ſes attraits, n'eſt-ce pas la nommer ?

JULIE.

Vous me déguiſez bien ce que je veux apprendre,
　　Je ne prétens pas vous gêner.

OVIDE.

Vous feignez vainement de ne me pas comprendre,
Quel ſupplice à mon crime allez-vous ordonner ?

JULIE.

　　Feindre de ne le pas entendre,
　　N'eſt-ce pas vous le pardonner ?
　　Je ſçai quelle eſt votre Corine,
Par des ſoupirs diſcrets prouvez-lui votre ardeur ;

　　　　　　　　　　　　　　　　B

Je me charge du soin d'instruire votre cœur,
Du prix que le sien vous destine.

OVIDE.

Ah ! que mon sort est doux & glorieux !

On entend un prélude qui annonce le Divertissement.

JULIE.

Contraignez les transports que vous faites paroître,
On annonce la fête, il faut quitter ces lieux ;
Cachez toujours Corine à tous les yeux,
Je prétens seule la connoître.

SCENE IV.

Le Théatre change & represente un grand Sallon du Palais
de Julie, rempli des Peuples differens, Spectateurs de la
Fête. Julie arrive & se place sur un Trône.

JULIE, ALBINE, OVIDE, *suite de la Princesse.*
HABITANS *de l'Isle de Chypre,* INDIENS,
SCITHES.

OVIDE.

R Assemblez-vous Peuples divers,
Qui partagez le sort de l'heureuse Italie,
Si Mars aux loix d'Auguste a soumis l'Univers
L'Amour le soumet à Julie.

BALET.

Venez, venez accourez tous,
Chantez un empire si doux.

CHOEUR.

Que le nom de notre Princesse
Vole aussi loin que les Amours.
Ses charmes triomphent sans cesse,
Il faut les celebrer toujours :
Que le nom de notre Princesse
Vole aussi loin que les Amours.

UN HABITANT *de l'Isle de Chypre à Julie.*

Nous venons de ces beaux rivages
Dont en tous lieux les charmes sont connus ;
Nous vous apportons des hommages
Que nous n'avions encor presentez qu'à Venus.
L'Amour est sûr de la victoire
Quand vos yeux secondent ses coups.
Les traits qu'il emprunte de vous
Ne trahissent jamais sa gloire.
Que feroit-il sans vos appas ?
Sans cesse il vole sur vos traces ;
Vous avez de nouvelles Graces,
Que Cythere ne connoît pas.
L'Amour est sûr de la victoire
Quand vos yeux secondent ses coups.
Les traits qu'il emprunte de vous
Ne trahissent jamais sa gloire.

L'ESTIME, BALET.

UN INDIEN.

Vous brillez plus que l'Aurore

Qui naît dans notre séjour.

Et nous croyons être encore

Au lever du Dieu du Jour.

Vous brillez plus que l'Aurore

Qui naît dans notre séjour.

UN SCITHE.

L'Amour dans nos climats n'avoit rien à prétendre

Nos cœurs contre lui prévenus

A son pouvoir charmant refusoient de se rendre

Et nous adorions Mars sans connoître Venus.

Contre les plus beaux yeux nous sçavions nous dé-

fendre,

Bellone nous occupoit tous,

Vos attraits ont sçu nous apprendre

Qu'il est des Triomphes plus doux.

CHŒUR *des Habitans de l'Isle de Chypre.*

Chantons, chantons sans cesse

Notre aimable Princesse.

INDIENS.

Que les Ris, que les Jeux rassemblez par l'Amour

Apprenent ses attraits aux Echos de Cythere.

SCITHES.

Qu'il celebre autant ce beau jour

Que la naissance de sa Mere.

Tous les Chœurs réünis répetent ces Vers,

& finissent le Divertissement.

www.ingramcontent.com/pod-product-compliance
Lightning Source LLC
LaVergne TN
LVHW010210070726
842528LV00014B/926